Ph. de Champagne pinxit   C. duFlos Sculpsit

Sancta Genovefa
Urbis et Regni Patrona.

a Paris   Rue St Jacques
Chez Urb. Courtelier   au Coeur bon

STATUTS
ET
REGLEMENS
DE
LA COMPAGNIE
DE
MESSIEURS
LES PORTEURS DE LA CHASSE
DE
SAINTE GENEVIEVE.

A PARIS,
Imprimez aux dépens de la Compagnie.

M. DCC. XXXI.

8° Z la Genne 11 328

STATUTS

ET

REGLEMENS

TIREZ ET EXTRAITS DES ANCIENS,

Qui ont été approuvez, accordez & signez par le Reverendissime Abbé & Chanoines Réguliers de l'Abbaye Royale de sainte Geneviéve du Mont de Paris, dès le troisiéme jour de Janvier de l'année 1527. Et depuis vûs par les soussignez qui en ont permis l'éxecution.

EN l'honneur de Dieu le Créateur du Ciel & de la terre, de la très-sainte Vierge Marie, & de la glorieuse sainte Géneviéve Patrone de Paris en particulier, & de toute la France en général, a été fondée & instituée la Compagnie des Porteurs de la Châsse de sainte Géneviéve en son

Eglife du Mont de Paris, l'an de grace 1525.

Enfuivent les Reglemens defdits Confreres extraits des anciens Reglemens, & réduits en la maniere qui enfuit, & ce du confentement de Meffieurs les Abbé & Chanoines Réguliers de l'Abbaye Royale de fainte Génevieve, & defdits Confreres.

RENOUVELLEMENT
DES STATUTS
ET
REGLEMENS
DE MESSIEURS
LES PORTEURS DE LA CHASSE
DE SAINTE GENEVIEVE
AU NOMBRE DE QUARANTE.

ARTICLE PREMIER.

QUe toutes perfonnes eftimées capables d'entrer du nombre de cette célebre Compagnie, doit être natif de la ville de Paris, & le juftifier par fon Extrait Baptiftaire, d'âge competent, Marchand des Six Corps, & être fans aucun reproche, de bonne vie & mœurs, marié ou non.

I I.

Lorſqu'il ſe préſentera de nouveaux Sujets qui auront la dévotion d'entrer dans la Compagnie, l'on s'adreſſera à Meſſieurs les Maîtres en charge, qui en feront leur rapport à ladite Compagnie, mais particulierement à Monſieur le Doyen, à qui ils feront préſentez par Meſſieurs les Maîtres en charge, & après conduits par les Maîtres, accompagnez de quelques-uns de Meſſieurs les Anciens, pour leur ſervir de Conducteurs, pour aller demander l'agrément de ladite Compagnie chez eux en particulier, & prendre le jour de leurs réceptions, qui ſera un Dimanche, où Meſſieurs les Maîtres en charge prendront la peine de faire imprimer de Billets pour ſe trouver à la Meſſe dans la Chapelle de ladite Compagnie, où toute la Compagnie ſe trouvera, lorſqu'ils auront été avertis par ce Billet; & après la Meſſe, la Compagnie ſe tranſportera dans la Salle de l'Abbaye deſtinée pour les Aſſemblées de ladite Compagnie, & où étant arrivez, l'on dira à toute l'Aſſemblée, que le ſujet pour lequel on eſt aſſemblé, eſt pour ſçavoir de toute la Compagnie ſi ils ſont tous pleinement inſtruits des vie & mœurs des Sujets, ou du Sujet propoſé ; & ſi l'on n'a rien appris dans les informations qui en ont été faites par Meſſieurs les Maîtres en charge ; s'il n'y a rien à redire ſur leurs vie & mœurs, & s'ils ſont natifs

de la ville de Paris , ce qui fera juſtifié par leurs Extraits Baptiſtaires, dont M$_r$^{s} les Maîtres en charge
feront Porteurs pour lors , puis feront prefen-
tez à Monſieur le Doyen , enſuite à la Compagnie par les deux Maîtres en charge en manteau &
en rabat ; & là ils ſe mettront à genoux aux pieds de
Monſieur le Doyen, à qui ils prêteront ferment de
la Foi & Religion Catholique , Apoſtolique & Ro-
maine , la main droite poſée ſur le Crucifix & ſur
l'Evangile tenus par ledit Sieur Doyen , & ils
promettront à Dieu de vivre & mourir dans ladite
Religion, d'obſerver les Statuts & Reglemens de
ladite Compagnie , de porter la Châſſe de ſainte
Géneviéve tête & pieds nuds.

I I I.

Que tous Confreres n'auront voix active & paf-
five que trois ans après leur réception.

I V.

Les nouveaux reçûs mettront entre les mains des
Sieurs Maîtres en charge le Préfent convenu , qui
fera d'une ſomme honnête , avant la réception, qui
fera employée pour les Services, Ornemens, déco-
ration & entretien du Service & de la Chapelle ,
& autres frais ſujets à la dite Compagnie.

V.

Les Maîtres en charge de ladite Compagnie , qui
auront le ſoin de toutes les choſes néceſſaires , ſe-

ront faits ; fçavoir , un des feize plus anciens Porteurs , & un des vingt-quatre Attendans alternati-
vement les uns après les autres , felon leur rang de
réception ; un Porteur une année , & un Attendant
l'année fuivante , fans faire aucune élection , fuivant
le Tableau.

V I.

Les Enfans des Porteurs & Attendans qui fe pré-
fenteront du vivant de leur Pere , ou dans le cours
de l'année de leur déceds , feront préférez avant
tous autres , pourvu qu'ils ayent l'âge competent ,
en payant demi droit , & faifant le devoir comme il
eft dit ci-devant.

V I I.

Les anciens Confreres , qui feront des feize Porteurs , auront feuls le droit de préfenter à la Compagnie , conjointement avec les Maîtres en charge , toutes les perfonnes approuvées par ladite Compagnie pour être reçûës à remplir les Places vacan-
tes , lorfqu'il y en aura , foit par le déceds des Confreres ou autrement.

V I I I.

En tel tems de l'année qu'il fe trouvera des Sujets dignes & capables d'entrer dans la Compagnie ,
avec toutes les qualitez requifes , ils feront bien reçûs.

I X.

Lorfqu'il arrivera que quelque Confrere de la
Compagnie tombera dangereufement malade , les

Parens pourront envoyer des Billets de Recomman-
dations de Prieres au R. P. Tréforier de l'Abbaye
de fainte Géneviéve, qui a foin de la Sacriftie, &
auffi aux autres Sacrifties, pour recommander le
Malade aux Prieres qui fe font à l'Eglife, & lorfqu'il fera en état de recevoir le Viatique, les Confreres prochains, en étant invitez, y affifteront fi
faire fe peut.

X.

Lorfqu'il arrivera le déceds d'un Confrere, toute
la Compagnie fera obligée de fe trouver en fa maifon en manteau & rabat, lorfqu'ils en auront été
avertis par leur Clerc, où il fera fait un appel par
les Sieurs Maîtres en charge, & fera diftribué par
le Sieur Comptable à chacun defdits Sieurs qui s'y
trouveront, un droit de préfence qui fera du double
des autres Affemblées; & feront tenus lefdits Sieurs
d'affifter au Convoi, Service & Enterrement du Défunt, ayant chacun un cierge à la main, & revêtus
en la maniere ordinaire de la Compagnie. Il fera
porté par le Clerc de ladite Compagnie le gros Cierge allumé aux Convois, immediatement à la tête du
Corps, & toute la Compagnie fuivra chacun en fon
rang de réception, mais differemment aux autres
cérémonies; car le dernier reçu doit marcher le premier & les autres enfuite, & Monfieur le Doyen ou
fon Reprefentant en cas d'abfence, le dernier; & a-
près Meffieurs les Parens ou Héritiers fuivront. Ceux
qui fe trouveront abfens feront déchûs de leur droit
de

de préfence, à moins qu'ils ne fuffent détenus au lit malade, ou infirmité d'âge, ou Emplois publics, comme placé d'Echevin ou Conful, auquel cas ils feront réputez préfens, & leur droit de préfence leur fera confervé.

X I.

Après le déceds de l'un des Confreres, comme il eft ci-deffus, la Veuve du Défunt ou les Parens, feront tenus d'aller chez l'un defdits Sieurs Maîtres en charge, pour leur demander le Service de leur Epoux ou Pere défunt, lefquels Sieurs Maîtres en charge fe chargeront de voir le R. P. Tréforier de ladite Abbaye de fainte Géneviéve, pour faire dire & célébrer un Service pour le repos de l'Ame dudit Défunt, & feront avertir la Compagnie par des Billets imprimez portez par le Clerc, pour fe rendre au jour pris pour le Service à fainte Géneviéve, où la Veuve, Parens & Héritiers, feront priez de fe trouver, où il y aura des bancs deftinez pour les placer dans le Chœur. Il y aura après le Service le droit de préfence à ceux qui s'y feront trouvez.

X I I.

Meffieurs les Confreres feront obligez de fe trouver à la Meffe en habit ordinaire, c'eft-à-dire, en manteau & rabat, les jours ci-après défignez; fçavoir, le 28. Octobre jour de la Tranflation des Reliques de fainte Géneviéve, & le 26. Novembre jour du Miracle des Ardens, dans la Chapelle de ladite Compagnie, & la veille du premier Dimanche de l'An-

B

née , aux premieres Vêpres de la Fête de ladite Compagnie , dans lesquels trois jours d'obligation il y aura droit de préfence pour leur affiftance.

Lefdits Sieurs Confreres font auffi obligez de fe trouver le Dimanche dans l'Octave de fainte Géné-viéve à huit heures & demi précifes , pour af-fifter à l'Office , Proceffion & Grand'-Meffe folem-nelle , qui fera célébrée au Chœur de ladite Eglife pour la Compagnie , & où l'on fera en état de re-cevoir la fainte Communion de la main du Célé-brant. Ledit Office fera du jour , à l'exception de la Meffe , qui fera de fainte Géneviéve , lorfque le jour des Rois n'arrivera pas le Dimanche ; car pour lors l'Office fe fera du jour des Rois entie-rement , à laquelle tous les Confreres affifteront & communieront immediatement après les Chanoi-nes Réguliers. Il fera offert à cette Meffe le Pain beni par l'Epoufe , Fille ou Parente du Maître en charge comptable fuivant l'ancien ufage , où tous les Confreres fuivront pour donner chacun leur offrande fuivant leur rang de réception. Après l'Office , l'on ira à la Salle de la Maifon , en at-tendant l'heure du dîner qui fera au Réfectoire , avec le Révérendiffime Pere Général , & les prin-cipaux Chanoines Réguliers de ladite Maifon ; & le Réfectoire fini , l'on s'en retournera au Chœur pour entendre les Vêpres , lefquels étant finis , chacun s'en retournera en fa maifon.

Et le quatorziéme de Janvier , lendemain de l'O-

ctave de fainte Géneviéve, l'on affiftera en manteau & rabat à la Meffe de *Requiem* , qui fera célébrée dans ladite Eglife pour le repos des Ames des
défunts Confreres qui nous ont précédez, & enfuite l'on ira à la Salle ordinaire où fera reçu le Com-
pte du Sieur Maître en charge, tant de Recette
que de Dépenfe qu'il aura faite pendant l'année.

Lorfqu'on fera la defcente de la Chaffe de fainte
Géneviéve , & que la Compagnie en fera avertie ,
Meffieurs les Maîtres en charge fe donneront la
peine de faire faire tout ce qui fera néceffaire pour
ce fujet, & pour l'ordre que l'on doit tenir devant &
dans le cours de la Proceffion. Ils feront avertir
les autres Confreres de ce qu'ils doivent faire , & de
la maniere dont ils doivent être revêtus ; fçavoir,
d'une efpece de robe blanche avec une aube unie de
fine toile ou à dentelle, s'ils le peuvent; une cein-
ture de fil blanc comme un Eccléfiaftique, un petit
rabat & une perruque d'Abbé , une couronne de
fleurs blanches fur la tête, qui leur fera fournie par
ladite Compagnie, un chapelet blanc & pieds nuds,
& un cierge de cire blanche à la main , que Meffieurs les Maîtres en charge auront foin de fournir
pour ce fujet auffibien que le grand Cierge , qui
fera porté par le dix-feptiéme de la Compagnie ,
qui eft le premier des vingt-quatre Attendans, qui
eft exempt d'entrer en charge, tant qu'il eft le dix-
feptiéme , & relevé au cas de néceffité par le dernier reçu.

B ij

Il eſt d'uſage que Meſſieurs les Abbé, Prieur & Chanoines Réguliers de l'Abbaye de ſainte Géneviéve, donnent à la Compagnie des Quarante Porteurs de la Châſſe, deux chambres particulieres aux occaſions des Deſcentes & Proceſſions générales de la Châſſe de ſainte Géneviéve, pour les vêtir au retour de la Proceſſion.

Plus, leſdits Confreres font dire tous les Dimanches de l'année une Meſſe baſſe, où ils ſont priez, s'il y viennent, d'être en manteau & rabat ; ſçavoir, en Eté, à ſept heures & demi du matin ; & en hyver, à neuf heures préciſes.

S'il ſe rencontroit quelqu'un dans ladite Compagnie, qui par malheur vint à faire faillite, il ſera rayé du Tableau.

Vû par Nous les préſens Statuts & Reglemens, & la Requête préſentée par Meſſieurs les Porteurs de la Châſſe de ſainte Géneviéve à fin de confirmation, Nous avons leſdits Statuts & Reglemens loüez, approuvez & confirmez, loüons, approuvons & confirmons, pour être executez ſelon leur forme & teneur, en foi de quoi Nous les avons ſignez, & fait ſceller du Sceau des Armes de notredite Abbaye de ſainte Geneviéve. Fait à Paris le quatriéme Décembre mil ſept cent trente.

Fr. DE RIBEROLLES, Abbé
de ſainte Géneviéve.

F. SUTAINE, Prieur.

F. GERVAIX, Soûprieur.

F. AUDINOT, Grand-Chantre, & Chapelain de la Compagnie.

RAVENEAU, Tréforier de l'Eglife de fainte Géneviéve.

F. DE BOIRVAUX, Procureur Général de la Congregation de France.

MENNESSIER, Curé de faint Etienne.

F. P. CHARPENTIER, Procureur de l'Abbaye.

F. LE GAY, Sacriftain.

F. REYNAUD, Aumónier.

F. SORIN, Secretaire.

Et fcellé du grand Sceau de Cire rouge.

JESUS-MARIA.

Sancta Maria Virgo Virginum,   ora pro nobis.
Sancte Dionyſi Pariſiorum Apoſtole, ora pro nobis.
Sancta Genovefa Pariſiorum Patrona, ora pro nobis.

Noms & ſurnoms des Porteurs de la Châſſe de
ſainte Généviéve, qui eſt compoſée de ſeize Porteurs
& vingt-quatre Attendans, pour faire le nombre
entier de quarante Confreres Porteurs de la Châſſe
de ſainte Généviéve, qui juſqu'à préſent ſont &
ont été tous Bourgeois & natifs de Paris ſuivant
l'Inſtitution ; qui pour la plûpart ont paſſé les Char-
ges & honneurs des Six Corps des Marchands de
cette Ville; mais ſur tout, celle d'avoir été Echevins
de cette Ville de Paris, du Conſulat, du grand Bu-
reau des Pauvres, ce qui les diſtingue des autres
Aſſemblées.

PREMIEREMENT.	Réceptions.
1 LOUIS JOSSE, *Doyen*.	1684
2 Etienne Maigret.	1698
3 Bon Delavigne.	1698
4 Conſtantin Perier.	1701
5 Jean Duqueſnoy.	1704
6 Henry Charpentier.	1709
7 Jean-Baptiſte Sauvage.	1709
8 Jean-Baptiſte Bougier.	1709
9 Marin-Jacques le Loutre.	1709
10 Jean-François Bouquet.	1709
11 Philippe Pezart.	1710

12	Claude Guillaume.	1711
13	Michel Pincemaille.	1711
14	Nicolas Lory.	1712
15	Pierre-Jacques Coucicault.	1712
16	Loüis Pincemaille.	1715
17	François-Albert Mocquet.	1719
18	Nicolas Dufrayez.	1719
19	Claude-Denis Cochin.	1719
20	Michel David.	1719
21	Christophe David.	1719
22	Jean Guy.	1719
23	Jean-Claude Joanneau.	1720
24	Charles Thomas.	1721
25	Claude Crosnier.	1723
26	Nicolas Vollant.	1723
27	Michel Genard.	1725
28	Pierre-François Duboc.	1725
29	Jean-Baptiste Stocard.	1725
30	Antoine Guillaume.	1726
31	Loüis-Nicolas De Saint Paul.	1726
32	Jean-Adrien Hugault, l'aîné.	1726
33	Claude Hugault.	1726
34	Etienne-Christophe Camusat.	1726
35	Pierre le Dreux.	1730
36	Philippe Dehargne, l'aîné.	1730
37	Nicolas le Roy.	1730
38	Claude-Simon Guyard.	1730
39	Loüis Guyard, le jeuue.	1730
40	René Dehargne, le jeune.	1730

JEAN DUQUESNOY,
LOÜIS PINCEMAILLE, } *en charge.*

R. Jeresme, Clerc de Messieurs les Porteurs de la Chasse.
Imprimé le 16. *Décembre* 1730.

De l'Imprimerie de J. B. LAMESLE, ruë vieille Bouclerie, à la Minerve.

9

www.ingramcontent.com/pod-product-compliance
Lightning Source LLC
Chambersburg PA
CBHW060733280326
41933CB00013B/2623